27
L.n 15364.

COMPTE-RENDU

DE

LA NOUVELLE VIE DE M. OLIER,

FONDATEUR DU SÉMINAIRE DE SAINT-SULPICE.

Extrait de L'AMI DE LA RELIGION.
(N° 3436 et 3465.)
Jeudi 13 mai 1841, et mardi 20 juillet 1841.

La *Vie de M. Olier*, écrite en 1790 par M. Nagot, étant épuisée, un ecclésiastique de Saint-Sulpice qui a fait beaucoup de recherches sur le même sujet, a entrepris de donner une vie plus complète du vénérable fondateur.

Il a consulté tous les manuscrits du séminaire de Saint-Sulpice, entre autres une *Vie de M. Olier* par M. de Bretonvilliers, une autre par M. Leschassier, l'un des successeurs de M. Olier, des mémoires autographes de M. Olier, qui forment six volumes, des lettres et des écrits spirituels du même, etc. Mais le nouvel auteur ne s'en est pas tenu là. Il a visité les archives du royaume à l'hôtel Soubise, où se trouvent déposés beaucoup de pièces et de manuscrits qui existaient autrefois dans différentes communautés, à l'abbaye Saint-Germain, au séminaire Saint-Sulpice, à Saint-Lazare, à l'Oratoire, à Saint-Nicolas-du-Chardonnet, etc. Il a compulsé toutes ces pièces, et d'autres manuscrits qui se trouvent dans les grandes bibliothèques publiques de la capitale, et qui proviennent de personnages contemporains de M. Olier. L'auteur donne une notice sur les manuscrits dont on ne peut révoquer en doute l'authenticité, et qui s'appuient et se confirment les uns les autres. Enfin il n'a rien négligé, et a puisé des renseignements dans un grand nombre d'histoires et de vies particulières, dans des recueils peu connus, dans diverses archives de la capitale, dans celles même d'autres villes.

Il faut convenir que ce n'est pas là la manière actuelle d'écrire l'histoire. Nos écrivains modernes ne prennent pas communément tant de peine; ils ne s'environnent pas de tant de renseignements, ils ne sont pas si scrupuleux sur l'exactitude des faits. Ils suppléent par l'imagination à ce qu'ils ne savent pas, ils improvisent en trois mois une histoire pleine d'esprit, de saillies, d'effets dramatiques, et il y a des lecteurs qui s'en contentent et qui ne demandent pas autre chose. L'auteur de la *Vie de M. Olier* a mieux compris ses devoirs d'historien, et le travail consciencieux auquel il s'est livré, honore à la fois son caractère, son goût, son jugement et sa piété (1).

Les commencements de M. Olier, sa vocation à l'état ecclésiastique, son ardeur à répondre aux vues de Dieu sur lui, la ferveur avec laquelle il se prépara à l'exercice du ministère, ses premiers travaux dans les missions, la part qu'il prit à beaucoup de bonnes œuvres, l'esprit de sagesse, d'humilité, de désintéressement qu'il montra dans toute sa conduite dès sa jeunesse, offrent des détails fort édifiants. Mais ce ne sont là, pour ainsi dire, que les préludes de la Vie de M. Olier. Dieu le destinait à deux œuvres principales, à réformer une grande paroisse et à établir les séminaires en France. M. Olier devait être sur ces deux points un modèle et un guide pour le clergé. Il devait apprendre aux pasteurs les moyens de régénérer une paroisse, d'y extirper les abus, d'y répandre l'instruction, d'y faire naître des œuvres de piété et de charité, de combattre les erreurs et les vices, de rendre l'exercice du ministère respectable et utile pour toutes les classes, de dire la vérité aux grands et de soulager efficacement les pauvres et les affligés. La Vie de M. Olier contient sous ce rapport des exemples du zèle le plus actif et le mieux entendu. Et de leur côté les directeurs des séminaires y trouveront une ample moisson de leçons et d'exemples appropriés à leurs fonctions respectives.

C'est un des caractères de la nouvelle Vie d'être à la fois un curieux ouvrage historique et un bon livre de piété. On y trouve tour à tour des traits, des anecdotes, des notices sur une foule de personnages du temps, et puis des extraits des écrits de M. Olier, qui montrent jusqu'à quel point il était avancé dans les voies de la perfection. C'est un double sujet de lecture qui contentera deux classes de lecteurs.

(1) M. Picot, dans son article du 13 mai, avait paru improuver néanmoins la longueur de l'ouvrage; mais l'ayant lu depuis en entier, il revint de ce jugement, ainsi qu'il nous l'apprend dans un nouvel article qu'il donna comme un correctif du premier. « Lorsque nous rendîmes compte de cet ouvrage, dit-il, nous « n'avions, il faut l'avouer, guère lu que la moitié du premier volume, et nous ne « nous étions pas fait une idée complète du mérite de cette intéressante produc-
« tion. »

L'auteur de la nouvelle Vie a fait une étude toute particulière du XVIIe siècle; il en a bien saisi l'esprit, il fait aimer cette époque si fertile en beaux exemples et en institutions utiles. On y voit de grands caractères, d'éminentes vertus, de nobles dévouements, tantôt dans d'illustres familles, tantôt dans des conditions obscures: là, une duchesse d'Aiguillon, si célèbre par la magnificence de ses dons pour les églises et pour les pauvres; ici une simple marchande de vin, Marie Rousseau, femme humble et intérieure, souvent consultée et prenant part à beaucoup de bonnes œuvres; tantôt des seigneurs, des magistrats, des militaires distingués par leur rang et leurs services; tantôt des artisans comme Clément et Beaumais, qui s'occupaient avec succès de la conversion des protestants, ou un simple domestique, Jean Blondeau, dit Frère de la Croix, qui dispensait avec une rare intelligence les aumônes de M. Olier. Cette variété de portraits double l'intérêt de la nouvelle Vie, où l'on trouve M. Olier en relation avec les plus grands personnages, avec la reine Anne d'Autriche, avec le duc d'Orléans, Gaston, avec la princesse de Condé, etc.

En tout, l'estimable et modeste auteur à qui on doit ce beau travail, y a fait preuve d'une exactitude, d'un discernement, d'une érudition même et d'une piété qui doivent lui concilier l'estime et la reconnaissance du public religieux. Nous n'osons prononcer ici son nom, puisqu'il a cru devoir garder l'*incognito;* nous dirons seulement que c'est le même à qui on doit déjà la *Vie de Démia, instituteur des Sœurs de Saint-Charles,* Lyon, 1829, in-8°; l'*Histoire des catéchismes de Saint-Sulpice,* Paris, 1831, in-12; les *monuments de l'église Sainte-Marthe de Tarascon avec un essai sur l'apostolat de sainte Marthe et des autres saints tutélaires de Provence,* Tarascon, 1835, grand in-8°, etc. Picot.

Extrait du JOURNAL DES VILLES ET DES CAMPAGNES.
(Mercredi 22 septembre 1841.)

Plusieurs de nos écrivains modernes parlent sans cesse, dans leurs nombreux ouvrages, du XVIIe siècle, qu'ils se flattent de connaître parfaitement. Ce siècle a fourni lui-même de si riches matériaux pour son histoire, qu'ils croient pouvoir aisément lui assigner ses premières causes de force et de prospérité, de grandeur et de gloire, d'élévation et de durée. Mais il ne suffit pas de s'entourer de Mémoires, de Recueils, de Vies particulières, de secours de toute espèce; il faut encore savoir mettre en œuvre tant d'éléments divers, découvrir dans ces documents épars le fil qui rattache les événements à leur cause; en faire jaillir la lumière qu'ils recèlent, et, sans méconnaître ce que les commotions politiques donnent aux esprits de vigueur, d'indépendance et d'originalité, placer les hommes et les faits sous leur véritable point de vue. Les merveilles du siècle de Louis XIV resteront toujours une énigme inexplicable, si l'on ne veut point convenir que la religion ouvrit cette époque de splendeur, et que la France ne fut la première des nations que parcequ'elle fut la plus chrétienne.

Cette vérité, ressort avec éclat de la nouvelle *Vie* de M. Olier, instituteur du séminaire et de la Société de Saint-Sulpice, l'un des prêtres que la Providence suscita au XVIIe siècle pour fonder deux œuvres qui devaient avoir la plus heureuse influence sur une société chrétienne, l'établissement des séminaires et la réforme du clergé.

L'auteur s'est livré aux recherches les plus profondes, les plus consciencieuses pour nous donner une histoire complète de M. Olier et du temps où il a vécu. Il fait très-bien connaître cette époque si honorable pour la religion, où l'on vit briller dans tous les états et dans les plus hauts rangs, des personnes distinguées par les vertus les plus éminentes. Il a consulté un grand nombre de manuscrits appartenant aux bibliothèques publiques, ou à diverses archives de Paris et de la province, plusieurs ouvrages imprimés, mais presque tous anciens et peu connus. Bien différent de plusieurs de nos savants modernes qui emplissent les marges de leurs livres et de noms et de volumes qu'ils n'ont jamais lus, il donne le résultat des lectures qu'il a faites lui-même, et il a toujours soin d'indiquer les sources où il puise; judicieux, exact, impartial, il en fait un heureux choix et révèle une foule de circonstances secrètes, ou mal connues jusqu'ici.

L'article sur le Jansénisme est particulièrement remarquable. On y voit combien le zèle de M. Olier pour la foi catholique avait irrité contre lui les partisans de Port-Royal, qui en prirent occasion de le décrier partout. Nicole, quoique l'un des plus modérés, dans une lettre adressée au père Quesnel et à Arnauld, appelle ironiquement M. Olier et ses prêtres des *âmes angéliques,* tandis qu'il traite les jésuites d'âmes *achérontiques.* Il est persuadé que la ruine des personnes attachées aux nouvelles doctrines est arrivée *par la conspiration de ces deux sortes d'anges.* On est fâché que cette *fantaisie* de Nicole, comme il l'appelle lui-même, ait égaré le jugement de quelques biographes non suspects dans la foi, tels que Feller, sur le caractère ascétique de M. Olier. Tout le chapitre sur le jansénisme est rempli de détails curieux. On y apprend mieux à connaître cette secte que dans l'ouvrage d'un écrivain moderne, Sainte-Beuve, qui a prétendu composer une histoire impartiale de Port-Royal, avec des matériaux tous puisés dans les ouvrages des jansénistes et qui a jeté sur tous ces détails de controverse théologique ou ascétique un septicisme moqueur qu'on est convenu d'appeler l'esprit intelligent de notre époque. L'abbé DASSANCE.

Extrait de LA QUOTIDIENNE.

(Jeudi 2 septembre 1841.)

Les hommes de lettres, ceux surtout qui font une étude spéciale de l'histoire moderne, liront avec un véritable intérêt la *Vie de M. Olier*, qu'on vient de donner au public, et applaudiront au zèle de l'historien à qui l'on est redevable d'une si digne et si utile production.

La nouvelle *Vie de M. Olier*, fondateur du séminaire de Saint-Sulpice, n'est pas en effet la vie d'un homme privé, c'est un monument élevé tout à la fois à la gloire d'une multitude de personnages, qui contribuèrent à donner à leur siècle l'impulsion religieuse dont tous les rangs de la société ressentirent les heureux résultats. On avoue, en lisant cet ouvrage, que le dix-septième siècle n'est point assez connu sous le point de vue religieux et moral, malgré les nombreux écrits qu'on a composés pour le faire connaître; et il était digne, ce semble, du zèle et du caractère de l'auteur, de tirer de l'oubli tant de personnages remarquables, qui paraissent tour-à-tour dans cette vie.

La nouvelle *Vie de M. Olier* est un véritable service rendu à l'Église de France et aux lettres, c'est un recueil précieux pour le dix-septième siècle et tout-à-fait nécessaire pour connaître l'histoire religieuse de ce temps. Considérée comme répertoire historique, elle est digne de passer à la postérité et de survivre à son auteur; c'est le privilége de l'histoire, lorsqu'elle est présentée avec ses traits naturels et ses formes originales. Elle traverse tous les temps sans rien perdre de sa valeur, comme l'or qui toujours conserve son prix quand il est pur. Ce genre de mérite n'est pas ordinaire à la plupart des productions qui paraissent aujourd'hui, la vérité y est assez peu respectée, mais la vérité, qui est immortelle, en aura raison tôt ou tard.

L'auteur de la *Vie de M. Olier* a su apprécier ses devoirs comme historien, et il semble en avoir rempli heureusement l'étendue. Outre une multitude d'ouvrages anciens dont plusieurs sont devenus fort rares, il a compulsé un grand nombre de manuscrits appartenant aux bibliothèques publiques ou à divers particuliers; il a aussi compulsé une multitude de pièces originales déposées aux archives du royaume; il a consulté celles du ministère des affaires étrangères, de la marine, de la guerre, et enfin les archives de plusieurs villes de province.

A la tête du premier volume il a placé une notice des principaux manuscrits, et, dans le cours de l'ouvrage, il a toujours soin d'indiquer à la marge les sources où il a puisé. Cette précaution était d'autant plus nécessaire, que la plupart des faits qu'il rapporte sont entièrement inédits, et que ceux qui avaient le plus étudié la vie de M. Olier, avouent, en lisant celle-ci, qu'ils ne connaissaient que l'ombre de ce personnage.

Mais ce qui donne beaucoup d'intérêt à l'ouvrage, ainsi qu'on l'a indiqué, c'est qu'au lieu de considérer M. Olier comme homme privé, selon la coutume ordinaire des hagiographes, l'auteur le montre dans ses rapports avec les principaux personnages de son temps, et avec beaucoup d'autres fort considérés alors, quoique moins connus aujourd'hui. M. Olier ne paraît pas seulement comme l'un des hommes les plus zélés et les plus vertueux de ce siècle, il est aussi l'un des plus influents, comme le prouvent les œuvres qu'il entreprit, l'estime extraordinaire que chacun lui témoignait et la multitude de ses relations, aussi sa vie offre-t-elle une foule de détails curieux et même inédits sur un grand nombre de personnages de son temps; tels que, saint François de Sales, saint Vincent de Paul, Alain de Solminiach, le père Charles de Condren, général de l'Oratoire, M. Bourdoise, dom Grégoire Tarisse, réformateur des études chez les bénédictins, le cardinal de Richelieu, le cardinal Mazarin, la princesse de Condé, etc., etc.

La conduite de M. Olier pendant les troubles de la Fronde est admirable; et l'on n'est pas moins touché de sa charité apostolique pour son troupeau, que de la sainte et respectueuse liberté avec laquelle il ose demander à la Régente l'éloignement de Mazarin, dont la présence irritait tous les esprits. La réforme du faubourg Saint-Germain, alors la sentine de Paris, est un modèle de zèle évangélique digne d'être proposé à tous les pasteurs. On lit avec intérêt ce qui concerne la fondation du séminaire de Saint-Sulpice, et on voit la grande influence que M. Olier a eue sur les évêques de son temps pour l'établissement des séminaires tels qu'ils sont organisés aujourd'hui, et dont il doit être regardé comme le premier instituteur en France.

L'ouvrage contient sur ce point des détails curieux et entièrement inédits, comme aussi sur un grand nombre d'autres établissements, qui sont le fruit du zèle de M. Olier, entre autres la fondation de la ville de Montréal au Canada. Ce morceau est remarquable: on y voit que Montréal, qui compte aujourd'hui plus de 40,000 âmes, ne fut d'abord composé que de 40 hommes que M. Olier envoya pour défricher le terrain sur lequel cette ville a été bâtie.

Pour rendre son travail plus complet, l'auteur y a ajouté des vignettes gravées avec soin, représentant des portraits du temps ou divers monuments historiques de l'époque. Les exemplaires ordinaires de cette vie contiennent neuf vignettes, et d'autres tirés sur papier velin en renferment trente; enfin l'auteur a eu soin de joindre des notes à chaque livre; les unes servent d'éclaircissement à plusieurs points historiques, d'autres font connaître chaque personnage sans interrompre le fil de la narration.

Extrait de la BIBLIOGRAPHIE CATHOLIQUE.
(3 septembre 1841.)

Malgré les services éminents rendus à l'Église par M. Olier, malgré l'éclat des œuvres qu'il avait fondées, ou auxquelles il avait puissamment coopéré, on resta longtemps après sa mort sans rien publier sur une vie si pleine de grandes et saintes choses. Il avait rendu son âme à Dieu le 2 avril 1657, et trente ans après seulement parut la première notice sur sa vie, par le P. Giry (1 petit volume in-18) qui la mit à la fin de sa *Vie des Saints*. Plus tard quelques autres notices furent écrites, mais toutes assez incomplètes; ce ne fut qu'en 1818 que parut à Versailles une véritable vie de M. Olier, composée par M. Nagot, alors supérieur du petit séminaire de Saint-Sulpice. Cette vie étant entièrement épuisée aujourd'hui, la publication d'un nouvel ouvrage historique sur le fondateur de l'Église et du séminaire de Saint-Sulpice était tout-à-fait opportune.

Le modeste auteur, en réunissant dans son volumineux

travail beaucoup plus de faits que n'en avaient raconté les précédents éditeurs, fait aussi bien mieux connaître les œuvres et les vertus de M. Olier, l'origine et les progrès de sa compagnie, la part qu'il a eue à la réformation du clergé.

Les matériaux dont il s'est servi, sont surtout les manuscrits mêmes de M. Olier, à qui le P. Bataille, l'un de ses directeurs, avait ordonné, en 1642, de mettre par écrit toutes les grâces qu'il avait reçues jusqu'alors; beaucoup de lettres et d'écrits spirituels de ce saint personnage, la plupart inédits jusqu'à ce jour; un grand nombre de manuscrits appartenant aux bibliothèques publiques, ou à diverses archives de Paris et de plusieurs autres villes; enfin beaucoup d'ouvrages imprimés, presque tous anciens et peu connus. La liste des manuscrits consultés et cités forme seule treize pages. On est presque effrayé de cette érudition, à laquelle nous n'étions presque plus habitués depuis les bénédictins. Tous les ouvrages auxquels l'auteur a eu recours, sont indiqués en marge de chaque page dans tout le cours de cette Vie.

Elle est divisée en trois parties. Dans la première, M. Olier est représenté depuis sa naissance jusqu'à la prise de possession de la cure de Saint-Sulpice; dans la seconde, on le voit au milieu du gouvernement de sa paroisse; la troisième est spécialement consacrée à l'étudier dans l'établissement et la direction des séminaires et de la compagnie de Saint-Sulpice; cette partie se termine par la narration de sa mort et de quelques grâces attribuées à son intercession.

On s'attache quelquefois dans une monographie à citer des noms, et à parler de choses d'un intérêt trop particulier et trop circonscrit pour fixer l'attention du lecteur; nous n'avons pas à en dire autant de la Vie de M. Olier, car ici les personnages qui passent sous nos yeux sont tour-à-tour saint Vincent de Paul, saint François de Sales, le P. de Condren, général de l'Oratoire, dom Tarisse, général des bénédictins, M. de Solminiach, abbé de Chancellade, le marquis de Fénélon, M. Bourdoise, etc., qui tous avaient avec M. Olier des rapports plus ou moins étroits. Il y a dans cet ouvrage une conscience, une richesse de détails qui concourent à jeter un grand jour sur l'histoire ecclésiastique de la première moitié du XVIIe siècle, et qui font le plus grand honneur à son judicieux auteur. Si nous étions tentés de lui reprocher quelques longueurs, nous serions bientôt désarmés en réfléchissant à la manière dont on écrit l'histoire aujourd'hui, et en comparant à la légèreté de nos historiens habituels les consciencieuses et patientes recherches qui ont produit un tel ouvrage. L'auteur de cette Vie a mieux compris ses devoirs d'historien, et le travail auquel il s'est livré honore tout à la fois son caractère, son goût, son jugement et sa piété. Son nom n'est pas sur ce frontispice de l'ouvrage, mais ceux qui l'ignorent ne douteront pas, quand ils verront partout cette parfaite mesure de langage, ces jugements pleins de modération et de vérité, la plénitude de cœur avec laquelle sont célébrées les vertus sacerdotales de M. Olier, que c'est un enfant qui se plaît à redire la gloire de son père. Le style est simple, pur, clair, véritablement classique dans la meilleure acception de ce mot.

Extrait de l'UNIVERSITÉ CATHOLIQUE,

Recueil religieux, philosophique, scientifique et littéraire.

(N° 68. — Août 1841.)

Voici un livre à la manière allemande : à propos d'un seul homme, il parle de tout le siècle où il a vécu. Ce n'est pas que je veuille lui en faire un reproche; car toutes ces digressions sont curieuses, et cette manière était peut-être nécessaire en ce sujet. En effet, M. Olier était d'une grande famille, il se trouvait par là engagé dans de grandes relations, et, par conséquent, dans de grands événements; or, peu de siècles furent plus actifs et plus féconds en événements que le dix-septième siècle. Ce fut le siècle des grands saints et des grands établissements religieux en France. C'était avec celui de saint Louis et de François Ier un de ces siècles qui font époque dans l'histoire, qui déterminent le caractère, qui arrêtent les idées d'une nation. Il sortit des émeutes de la Fronde, comme celui de saint Louis des révoltes des barons; car il semble qu'aux grandes époques, il faille préluder par de grandes catastrophes. Les époques ordinaires, les époques parasites vivent aux dépens des autres et sont froides et triviales. Telle ne fut pas celle de M. Olier : elle avait quelque chose de volcanique, comme toutes celles qui sont en travail et qui doivent enfanter de grandes choses. M. Olier lui-même était d'une tête très-ardente et d'un caractère très-impétueux. Ce fut heureux que tout cela se portât au bien, et que son humeur belliqueuse et conquérante prît pour objet la guerre contre le mal et les conquêtes pour Jésus-Christ.

Autour de M. Olier vivait une constellation de grands hommes et de saints qui ont laissé des établissements et un nom glorieux dans l'Église et dans l'histoire. Au premier rang paraît le grand saint moderne, le héros de la charité chrétienne, saint Vincent de Paul, dont M. Olier fut le disciple. Ce sont ensuite saint François de Sales, le Père de Condren, Meyster, du Ferrier, de Foix, Amelotte, Tarrisse, Picoté, de Poussé, Bataille, de Bassancourt, Bourdoise, René de Barreme, le Frère Claude Le Glay, le Père Véron, le Père Bernard, Keriolet, Clément, Beaumais, le Père Yvan, Languet de Gergy, de Renty, Le Vachet, Thomassin, de Sève, Jean de Lacroix. Tous ces hommes étaient des personnages d'une éminente piété, des modèles de conduite et de bonnes œuvres; c'étaient les héros du catholicisme, élevés en face du protestantisme, qui était alors dans sa vigueur, et d'où il sortit une secte mixte que l'on appela *politiques*, et dont les partisans étaient, dit-on, des athées.

On ne saurait croire le nombre d'athées qui pullulaient alors dans Paris, et surtout dans le faubourg Saint-Germain. Il fallait un contre-poison à cette plaie, et on le trouvait dans le zèle des saints hommes que nous venons de nommer, et des saintes femmes que nous allons citer maintenant, à savoir : la Mère Agnès de Langeac, Jeanne de Chantal, Marie Rousseau, Marie de Valence, la Mère de Bressan, la Sœur Bouffart, la Sœur de Vauldray, Françoise Fouquet, Madame de Villeneuve, Mademoiselle Bellier, la marquise de Portes, la maréchale de Rantzau, Madame Tronson, Mademoiselle Leschassier, Madame de Saugeon, la Mère Eugénie de Fontaine, etc. Tous ces saints personnages, autant hommes que femmes, ne nous sont pas sans doute très-connus; mais ils le seront si l'on se donne la peine de lire cette nouvelle *Vie de M. Olier*. En effet, on y trouvera une biographie et des détails très-curieux sur chacun d'eux; de sorte que la vie de M. Olier, grâce aux notes nombreuses qui accompagnent chaque chapitre et qui en font deux énormes volumes, est pour ainsi dire un tableau, sinon du mouvement, au moins du personnel religieux et surtout du clergé du dix-septième siècle.

On voit donc jusqu'à quel point ce livre est consciencieux et intéressant; en le lisant on s'instruit en toutes choses. Il est fait avec amour; on y reconnaît un fils qui vient rendre hommage à son père; c'est un Sulpicien, en un mot, qui entoure de tous ses titres de gloire M. Olier, fondateur du séminaire de Saint-Sulpice, de sa célèbre et savante société, et par cette société des premiers séminaires de France. Cependant le théologien ne se fait pas trop sentir dans ce livre; c'est plutôt l'historien anecdotique. Il ne se permet pas de grandes vues, ni des considérations philosophiques sur l'état et le mouvement religieux du siècle dont il parle; mais tout ce qu'il trouve de faits et d'anecdotes, il les amasse avec soin, avec trop de soin peut-être. Mais ce ne sera pas nous qui l'en blâmerons; nous aimons les choses copieuses et les livres nourris. Celui-ci nous a plu. On y trouve de tout: biographies, missions, pèlerinages, voyages, sans même excepter ce bon vieux jardinier de Saint-Sulpice qui, ayant eu vent d'une discussion de ces Messieurs sur la mise à mort du *vieil homme*, crut que c'était à lui qu'on en avait, et vint, comme il le devait, dans l'intérêt de sa conservation, en demander raison à M. Olier, et solliciter instamment son congé, afin de pouvoir fuir, avec sa fidèle moitié, vers un lieu où les vieux hommes et les vieilles femmes pourraient vivre à l'abri des arrêts de MM. les casuistes.

Nous avons dit que, par lui-même, l'auteur n'aborde pas les hautes questions; mais, érudit autant qu'on peut le désirer, mais ayant étudié à fond son sujet, et nous ayant donné sur ce qui le concerne plusieurs choses inédites et toujours puisées aux bonnes sources, il admet parfois dans son récit de ces hautes vues. C'est ainsi qu'au début il nous donne un tableau général et synoptique de l'Église de France, d'après ce même M. Olier, dont il va écrire la vie. Ce tableau historique et philosophique nous paraît fidèle autant que curieux, et il ne montre pas M. Olier sous son côté le moins remarquable.

Daniélo.

Extrait de L'UNIVERS.
(Numéros 660 et 666.)

Août 1841.

La nouvelle *Vie de M. Olier* présente des utilités de plus d'un genre, surtout aux ecclésiastiques employés dans le ministère paroissial. Jusqu'ici nous avons eu un grand nombre de vies de saints, toutes fort utiles sans doute, mais qui, moins appropriées aux besoins du plus grand nombre d'ecclésiastiques, ne leur fournissent pas, comme celle de M. Olier, des exemples et des règles de conduite d'une pratique ordinaire et de tous les jours. Ainsi, dans la vie de saint Charles Borromée, de D. Barthelemy-des-Martyrs, de saint François de Sales, de M. de Solminiach, les évêques découvriront d'admirables modèles. Les religieux et les ecclésiastiques, vivant en communauté ou dévoués à un ministère particulier, comme les missions, trouveront dans celles de saint Ignace, saint François Xavier et plusieurs autres, des exemples d'humilité, de mortification, de zèle pour le salut des âmes, exemples nécessaires à tous, mais d'une application plus habituelle, et d'un accès plus facile à ceux que la grâce d'une vocation pareille à celle de ces saints personnages, a placé dans des circonstances à peu près semblables. Il n'est pas jusqu'à la vie de saint Vincent de Paul lui-même, sans contredit la plus excellente, à cause des détails pratiques dont elle est remplie, qui, à part le court intervalle où elle nous le montre à la tête d'une paroisse, ne soit plutôt la vie d'un supérieur de communauté et d'un homme adonné à des œuvres spéciales, que celle d'un curé engagé dans toutes ces occupations si diverses et si multipliées dont se compose le ministère paroissial. Peut-être ces remarques paraîtront-elles plus justes encore, si l'on réfléchit que la vocation aux fonctions de curé, étant dans les circonstances où se trouve l'Église, surtout en France, celle du plus grand nombre, la Vie la plus utile et la mieux appropriée au temps où nous sommes, sera celle où les curés pourraient puiser une exhortation d'autant plus puissante, et des leçons d'autant plus persuasives, que ce seraient les leçons de l'expérience, et comme une exhortation domestique, qu'il est impossible de rejeter et à laquelle il est malaisé de désobéir.

Or, ce que l'on ne découvre ailleurs qu'avec peine, il nous semble qu'on le rencontre dans la vie de M. Olier, avec ceci de particulier, que non seulement elle présente un modèle achevé de l'accomplissement des obligations communes à tout pasteur, mais que de plus, et par une disposition spéciale de la Providence qui a fait passer M. Olier par toutes les difficultés et les embarras de sa charge, on trouvera réunis dans une seule Vie un sommaire et comme un abrégé des différentes épreuves disséminées dans l'exercice du ministère pastoral. « Dieu ayant voulu, suivant la remarque
« de l'auteur dans sa préface, qu'il acquît par l'expérience
« une connaissance exacte des difficultés qui se rencontrent
« dans les diverses fonctions du saint ministère, des moyens
« à employer pour les surmonter, et surtout des disposi-
« tions nécessaires pour les remplir saintement. » Que l'on rassemble, en effet, tous les obstacles qui peuvent s'op-

poser au zèle d'un curé dans sa paroisse, à peine en trouvera-t-on un seul contre lequel M. Olier n'ait eu à lutter, et dont il n'ait triomphé par sa douceur, sa fermeté et sa constance.

En outre, nous pourrions faire remarquer dans ce livre une utilité d'un ordre moins élevé, mais néanmoins fort appréciée de nos jours; nous voulons parler de son utilité historique. Il serait facile d'apporter en preuve les recherches de l'auteur sur l'établissement des séminaires en France, point d'histoire ecclésiastique assez peu éclairci jusqu'à lui, mais sur lequel il donne les renseignements les plus précis et les plus positifs. La lecture de cette portion si importante de sa vie, pleine d'intérêt pour tous, le sera principalement pour ceux que la Providence a préposés à la direction des séminaires. Indépendamment des recherches historiques de l'auteur sur le point dont nous parlons, ils trouveront dans un mémoire présenté par M. Olier au clergé de France, qui en ordonna l'impression, une sublimité de vues tout à fait extraordinaire sur l'utilité de ces saintes maisons, sur l'esprit qui doit y régner, sur leur dépendance naturelle et nécessaire de l'évêque, qui est, selon M. Olier, « le seul vrai et unique supérieur des sé- « minaires, et qui, contenant en soi la plénitude de l'esprit « et de la grâce destinés à être répandus dans son clergé, « peut seul lui donner son esprit et sa vie. »

De plus, la Providence, qui avait fait naître M. Olier dans un des siècles les plus féconds qu'ait eus la France en grands personnages et surtout en grands saints, l'avait mis aussi, par sa position dans le monde et par la nature des fonctions auxquelles il se livra dans la suite, en rapports suivis et comme dans une sorte d'intimité habituelle avec les plus célèbres d'entre eux. De là, on comprend aisément ce qu'il doit en rejaillir d'intérêt sur l'histoire d'une vie qui, commencée presque sous les yeux de saint François de Sales, et achevée en présence de saint Vincent de Paul, s'écoula tout entière dans le commerce, et quelquefois même dans la familiarité de ce que l'Eglise et l'Etat renfermaient alors de plus illustre. On en demeurera convaincu, surtout si l'on réfléchit que la piété bien connue de M. Olier et sa rare prudence le faisaient consulter de toutes parts, le mettaient à même de connaître ce qu'il y avait de plus caché au fond des consciences, et ces communications intimes devaient apporter dans les relations avec les personnages dont nous parlons, une confiance et une ouverture de cœur, qui leur ôte cet apprêt et cet appareil de représentation cérémonieuse, sous lequel disparaît souvent à nos yeux la véritable physionomie des personnages historiques.

Ces détails, tout incomplets qu'ils sont, pourront néanmoins surprendre ceux qui, ne connaissant de M. Olier que ses écrits, se l'étaient représenté comme un de ces contemplatifs qui, perpétuellement ravis en Dieu, ne sauraient se plier à cette multiplicité de soins et d'embarras de tout genre qui rendent si pénible, et en apparence si incompatible avec la vie contemplative, l'exercice des fonctions pastorales. On a pu voir, au contraire, par tout ce que nous avons dit, qu'il serait difficile de trouver un ministère plus rempli que celui de M. Olier, et la lecture de sa vie en convaincra de plus en plus.

Il est arrivé à M. Olier ce qui arrive à presque tous les hommes extraordinaires, en qui Dieu a mis des qualités qui semblent contradictoires. Le monde, qui n'a pas coutume de les trouver réunies, juge par là qu'elles ne peuvent compatir ensemble, et quand il est obligé de reconnaître l'existence des unes, il affirme sans examen l'absence des autres.

Enfin, et ce que l'on aura peut-être peine à croire, faute d'avoir une idée exacte du génie de M. Olier, il n'est pas jusqu'à la littérature elle-même qui ne trouve dans cette vie un sujet d'étude tout-à-fait intéressant selon nous. Soit dans le cours de l'ouvrage, soit dans les notes renvoyées à la fin de chaque livre, l'auteur a placé un très-grand nombre d'extraits de lettres, ou de différents écrits de M. Olier, la plupart demeurés inconnus. Ce qui nous a frappés principalement, même à part le ton de piété qui y règne et qui en fait le premier mérite, c'est un air de famille fort remarquable entre sa manière et celle de Bossuet. Comme l'évêque de Meaux, M. Olier avait une connaissance très-approfondie des Écritures, qu'ils manient l'un et l'autre avec un incroyable bonheur et d'où ils tirent chacun une doctrine des plus relevées. Tous deux excellent à creuser le fond d'un mystère, à en extraire toute la substance, seulement Bossuet, habitué à parler en public, ménage avec plus de soin les effets qu'il en veut produire, et y conduit comme par une préparation éloignée. M. Olier, n'écrivant ordinairement que pour lui seul, procède beaucoup plus par illuminations soudaines que par raisonnement. Bossuet développe et prouve le mystère, M. Olier le voit et l'énonce sans se mettre beaucoup en peine de l'expliquer; de là vient que Bossuet est plus clair, M. Olier plus abstrait et plus difficile à saisir en certains endroits. Ce n'est pas que M. Olier ne sache se mettre à la portée des autres, quand il est besoin, témoin son admirable lettre à la princesse de Condé sur l'usage de la grandeur, ses deux lettres à la reine Anne d'Autriche, au sujet du cardinal Mazarin, ses sentiments sur la manière de former les ecclésiastiques, sa lettre au clergé de France pour faire approuver le réglement de son séminaire. De plus, M. Olier fort ressemblant à Bossuet, par le tour et l'élévation de ses pensées, paraît lui ressembler aussi beaucoup par le style, au moins quand ils développent un mystère ou commentent un texte de l'Écriture-Sainte. Chez M. Olier, en effet, on retrouve en image, et comme par avance, ce caractère de profondeur, ce dédain de ce qui ne sert qu'à l'ornement, cette concision quelquefois obscure, cette originalité d'expressions, et, par-dessus tout, cet asservissement du langage sous la pensée, qui devaient distinguer à un si haut point le style de l'évêque de Meaux. L'ABBÉ G**.

Extrait de L'UNION CATHOLIQUE.

On connaissait jusqu'à ce jour une *Vie de M. Olier*, par M. Nagot, qui mourut supérieur du séminaire de Baltimore. Cette vie, bien écrite et qui respire la piété, contient d'ailleurs trop peu de faits, et ne fait pas suffisamment connaître M. Olier. L'édition en est aujourd'hui épuisée : l'auteur de la nouvelle *Vie* a cru qu'il était temps de mettre à profit les matériaux nombreux dont il pouvait disposer, afin d'offrir un tableau complet des œuvres et des vertus du fondateur de Saint-Sulpice. Il n'a épargné pour cela ni peine ni travail. Il ne s'est pas contenté de passer en revue les manuscrits conservés avec soin par les disciples de M. Olier, il en a consulté un grand nombre d'autres appartenant aux bibliothèques publiques, ou à diverses archives de Paris et de plusieurs autres villes. Enfin, il a compulsé un grand nombre d'ouvrages imprimés, mais peu connus, et interrogé tous les monuments et tous les souvenirs qui pouvaient lui fournir quelques renseignements utiles. On peut juger de l'étendue de ses recherches, par la notice qu'il donne à la suite de sa préface, des principaux manuscrits dont il a fait usage.

La nouvelle vie de M. Olier se divise en trois parties : la première comprend le temps qui s'est écoulé entre sa naissance et le moment où il fut appelé à la cure de Saint-Sulpice. On expose, dans la seconde, tout ce qu'il a fait comme curé pour la réforme et le bon gouvernement de sa paroisse; enfin, dans la troisième, on le représente comme fondateur du séminaire et de la compagnie de Saint-Sulpice, ainsi que de plusieurs autres établissements. On termine par la narration de sa dernière maladie et de quelques grâces et guérisons qu'on a attribuées à ses mérites. Il est à remarquer qu'on a eu, dans ces deux dernières parties, plus d'égard à l'ordre des matières qu'à celui des années. Ces trois parties comprennent vingt-cinq livres, à la fin desquels on a rejeté les notes qui sont nombreuses et pleines d'intérêt.

Cet ouvrage n'est pas simplement la vie du pieux fondateur de Saint-Sulpice, elle est aussi une espèce de biographie des hommes remarquables de cette époque, avec lesquels il fut en relation. On trouve sur plusieurs d'entre eux des détails curieux et peu connus. L'auteur cite scrupuleusement toutes les sources où il a puisé, et il met ainsi à même de vérifier l'exactitude de tout ce qu'il avance. La *Vie de M. Olier* est un des bons ouvrages qu'on ait offert au clergé dans ces derniers temps. Il y règne partout une grande érudition historique, une critique judicieuse et un ton de piété aussi digne du modeste auteur que convenable à l'histoire de M. Olier.

L. DELACOUTURE.

Paris. — Imp. de H. VRAYET DE SURCY et C., rue de Sèvres, 37.

www.ingramcontent.com/pod-product-compliance
Lightning Source LLC
Chambersburg PA
CBHW071444060426
42450CB00009BA/2302